DONDE EL TIEMPO PASA

Jaime Gil García

COLECCIÓN ITES

DONDE EL TIEMPO PASA

© Jaime Gil García
© Dibujo de portada: Jaime Gil García
© Prólogo: José A. García Aguilera
© de esta edición: Olé Libros, 2024

ISBN: 978-84-10053-11-3
Depósito legal: V-285-2024
Impreso en España

KALOSINI, S. L.
Grupo editorial olélibros
equipo@olelibros.com
www.olelibros.com

Para mis padres (siempre en el recuerdo).

Cuando era niño,
fui de la mano de mis padres
a tantos sitios...

«Donde habite el olvido,
En los vastos jardines sin aurora;
Donde yo solo sea
Memoria de una piedra sepultada entre ortigas
Sobre la cual el viento escapa a sus insomnios».

LUIS CERNUDA

PRÓLOGO

En la estela del tiempo vuelan las palabras: como «palabra en el tiempo» se refería don Antonio Machado a la esencia de la poesía. El libro de poemas *Donde el tiempo pasa* de Jaime Gil García se enmarca en esa línea de emociones, recuerdos y vivencias... que a lo largo de la vida el «yo lírico» del poeta experimenta, sufre, padece, goza y guarda y preserva en el corazón, centro afectivo y núcleo vital del pensamiento lírico que los poemas expresan (María Zambrano).

Tenemos, por tanto, tiempo, palabras y corazón como punto de partida de un poemario organizado en secciones que responden y nos envían, mediante sus nombres, a sencillos materiales, elementales y primordiales de la gran Naturaleza que nos lleva en sus brazos: «Arcillas», «Guijarros», «Calizas», «Marismas» y «Areniscas». El poemario se cierra con una referencia, última sección, al horror y rechazo de la guerra: «Infiernos».

Permanecen y vuelan las palabras en el tiempo, pero la vida transcurre en el corazón. Todo regresa a su centro de origen, al órgano cardial que recuerda las emociones, donde los poemas se guardan como fragmentos recuperados del vivir. El tiempo pasa, su lugar de origen y retorno es un rumor de aguas, un sonido de ramas, una respiración que habla en silencio. Así la vida, cual lejana infancia, de nuevas sorpresas se llena, así nos lleva la tierna mirada, cual debilitada ramita seca, en la turbulencia invisible de las calmadas aguas. El tiempo pasa. Los poemas se quedan. Nuevas lecturas esperan. Nuevas bocas que suspiran en las palabras que tienen verdad asegurada. Poesías cortas, delgadas lanzas, manos de la mirada que los sueña. Poesías largas, retornadas miradas a la esperanza, a las dudas de la mañana luminosa, al mar que guarda las derivas de la mirada.

Vuela entre «Arcillas», «Guijarros» y «Calizas» la visión poética de Jaime Gil García. Despacio, en lentitud va construyendo su sencillo monumento lírico con una referencia emocionada a su tierra oscura del otoño, su Salar añorado que recibe la mirada amable y sonora de su canto. En el poema «A Salar» leemos: «No eres en mí recuerdo de un tiempo ya pasado. / La flor de tus almendros, el olor de tu vega».

El retorno a Andalucía es un reencuentro con su Salar natal, viejos amigos de la infancia lo acogen con amor y alegría, el poeta los saluda con una cita de la más dulce voz lírica de nuestra tierra (Federico García Lorca) al mismo tiempo que les dice en el poema «Párvulas heridas»:

> ¡Ay, párvulas heridas:
> simas del alma!
> Un gorrión se refugia
> entre las ramas.

En el poema «Idos son ya» vuela a la mirada de la infancia, a los días blancos del pasado, se detiene en una secuencia poética de detalles:

> ... las niñas entre costuras
> y las mujeres fregando,
> los hombres bebiendo vino,

los perros adormilados,
el cura jugando a cartas
y las beatas rezando.

Se detiene en la salida de su tierra del poniente granadino, dormida en obligada sumisión:

El tren dejaba Granada
y atravesaba los campos
de aquella España sumida
en la miseria de Franco.

Veo una lluvia interminable de detalles líricos, plenos de amor y bondad, de elegancia y misterio, de luces y sombras. En el poema «Tras la lluvia» generosamente dedicado a sus amigos, José Montero Corpas y a mí mismo, el yo lírico del poeta vuelve a su tierra oscura del otoño, a su infancia absorta en un mundo abierto de tormenta y luz bajo la lluvia que empapa los cuerpos:

... Un chiquillo,
calado hasta la médula, contento,
por la estrecha vereda centenaria,
vuelve a casa silbando su alegría,
chapoteando su esplendor, viviendo.

Es un regreso al paraíso, un espacio donde suena el susurro de las aguas, donde algo oculto se cierne, se proyecta bajo un ronco trueno negro, es decir, en la tierra del otoño, que es oscura, conviven la luz y las sombras, lo luminoso y la tormenta, un panorama premonitorio de otros temas que encontraremos más adelante.

Mundo de arcillas y guijarros, caminos blancos de polvo apelmazado donde los pasos son huellas grabadas en la memoria: el sendero del poeta recorre su intimidad compartida con las aguas y las rocas, entre acequias y zarzas, donde lo eterno reside, siempre alterado, siempre estable... siempre a la espera, fuera y dentro del tiempo, atento a la llamada de la tierra como espacio de atracción esencial. Estamos en el poema «Reencuentro con lo eterno», donde leemos:

> Este recio olivar de muñones y alas,
> pertinaz en su larga ascensión a la cima.
> Y este blanco silencio, voz de nuestros ancestros.

Derrotas y victorias, castigos injustos, asistimos a lo largo de la lectura de los poemas a un claro proceso de iniciación al vivir, tardes de colegio, dura disciplina del internado, palabras de poema que suenan a despedidas forzadas, a reencuentros deseados en el tiempo. La voz del poeta concluye con un canto sencillo a la nobleza del corazón. Estamos en el poema «A pesar de todo», donde podemos leer:

> Hoy, pasados los años, aún recuerdo,
> aún recuerdo la estancia y las presencias,
> pero no puedo odiar.

Un tema que aparece ahora, de forma repetida, es la actitud de duda, una «duda» que yo diría «existencial», duda que totaliza la palabra de poema y lleva al yo lírico del poeta a hacerse preguntas inquietantes sobre el sentido de la vida, sobre la presencia del miedo. Nos dice en el poema «Qué eternamente ajeno es vivir»:

Estoy aquí, sin más,
cansado y temeroso
por no saber quién fui, quién soy ni quién seré,
por no saber adónde me lleva, no sé quién.

Y concluye en un verso de grave dureza y complejidad:
«Qué eternamente ajeno es vivir». Ante esas manos invisibles y desconocidas que parecen mover los hilos de la vida, de nuevo la infancia aparece como un mundo de pureza y de respuestas. Infancia que está claramente identificada con «la voz de la tierra». Desaparece la duda cuando en el vivir se recupera lo más intacto, lo siempre presente, la Madre Naturaleza como cuerpo de salvación.

Duda existencial, palabra en el tiempo, tiempo inexorable que a veces parece querer ahogar la viva respiración de los días. En el poema «Pero el tiempo siguió impasible» leemos:

Pero el tiempo siguió impasible, firmemente asido al transcurso de la vida,
hundiendo su venganza en nuestros ojos.

La Naturaleza es lo profundo, la totalidad inmensa en la cual todo está contenido, abismal y oscura, luminosa, sin principio ni final, cósmica dimensión del vivir que apreciamos en un poema exquisito: «Vengo de las entrañas de la tierra». No me resisto a transcribirlo por completo:

Como las altas cumbres prodigiosas,
vengo de las entrañas de la Tierra.
Como la austera sal de los océanos,
vengo de las entrañas de la Tierra.

Como la próvida agua de las fuentes,
vengo de las entrañas de la Tierra.
Como la humilde espiga de los trigos,
vengo de las entrañas de la Tierra.

Como el grito volcánico del parto,
vengo de las entrañas de la Tierra.
Como la hercúlea fuerza del amor,
vengo de las entrañas de la Tierra.

Vengo de las entrañas de la Tierra
como el túmulo fósil de la muerte.

Me impresiona y conmueve la actitud del poeta: esa plena aceptación, esa entrega a la vida, a la luz, a las lágrimas que lleguen. Creo que estamos en un momento central del poemario, la emoción se derrama en los versos de Jaime Gil García como un don de plenitud: de existencia y aceptación.

Con palabra firme se acepta la «angustia del existir» en el poema «... y dejar que las lágrimas me salven», donde leemos:

Esta lluvia de hoy no es más hermosa
que la de ayer ni hoy redime más;
pero, mientras resido en este día
de soledad sin llanto, qué mejor
que agrandarme y que el cielo provisor
descargue sobre mí sus dulces lágrimas;
alzar la boca inmensamente abierta
y que un vasto diluvio entre raudo
y abreve mis barbechos desolados.

Todo parece ser una densa red de momentos de tiempo, unidades o fragmentos de un futuro entrelazado a un pasado marchito, un pasado conectado a un futuro azar inserto en instantes de un presente que se pierde en la duda, todo es duda en la nada. Estamos en el poema de ese mismo título «Somos duda en la nada» clarificador y dinámico en sus avances y retrocesos: único camino de superaciones en la línea conocida de una dialéctica que afirma y niega, cual línea de conocimiento. Transcribo íntegra esta joya de Jaime Gil García:

> Porque somos futuro
> de un pasado marchito
> porque somos pasado
> de un futuro azaroso
> porque somos instante
> de un presente ya ido
>
> somos duda en la nada.

Se continúa este proceso de desnudamiento existencial en la sección titulada Calizas; ahora el protagonismo está en la «palabra» o herramienta expresiva del desgarro lírico del poeta. Por ello se alude a la naturaleza poliédrica de las palabras, a su variable naturaleza semántica. Así lo vemos en el poema «Sobre las palabras»:

> Perspicaces, sensatas, terroríficas,
> tozudas, cristalinas, poderosas
> o tan desprotegidas e inocentes
> que no te atreves a dejarlas solas.

15

Dentro de un programa de repetidas evocaciones, las palabras del poeta se detienen en conceptos cruciales de su Poética: palabras o encuentros de soledades, agua o sustancia central de atracción, «la nada» y su omnipresente ambivalencia, como universo interior y como cuerpos de silencio. También se alude a la luz, se especifica en el poema «Sin ti, luz» su primordial presencia necesaria:

> Sin ti, luz, nada somos.
> Hojas muertas;
> > hundidas
> en la profunda noche de una ciénaga.

Las alas, tan necesarias para el vuelo poético, son las musas, que tan certeramente son invocadas: «Diosas sois de mis versos. / Diosas sois en mis sombras».

Llega la noche, instante de la creación en silencio, pero es también el momento del extravío, de la pérdida de la inspiración, es el poema «Fue la noche» donde leemos: «Te fuiste de mi adónde. / Por qué caminos secretos» y el poeta se acomoda a tal situación de desventura, se lamenta por el momento dulce del encanto perdido y se contesta desconsolado.

> Fue la noche.
> > Noche era.
> Vino a mí por ver mi llanto.
> Besé sus labios de cera.
> De cera era tu encanto.

Son estos diálogos consigo mismo un recurso poético que Jaime Gil García utiliza con frecuencia para conectar con su intención de «autoconocimiento».

La sección «Marismas» es un canto de amor, un retorno a la luz y brillos de su tierra marinera de Sanlúcar; por eso nos dice, con alegría y elegancia, en su «Canción de cuna»:

> El río Guadalquivir
> va de Cazorla a Sanlúcar
> correteando entre juncos
> y persiguiendo a la luna.

Poeta viajero, recientemente, para estar con sus hijos, se traslada, junto con su esposa, a tierras americanas (Boston, Massachusetts) y emocionado y deslumbrado por la belleza de aquellos parajes nos canta en su «Paisaje de otoño» esta sinfonía de luces y color, propia de tales bosques profundos:

> Toda la luz es fuego,
> todo es color prendido,
> todo en sí enamorando:
> rojos, naranjas, verdes,
> naranjas y amarillos,
> amarillos y rojos,
> amarillos,
> amarillos y verdes.
> Todo el color del mundo
> hecho otoño;
> hecho otoño en tus ojos.

El poema «Homenaje a Manolo Sanlúcar» es un canto al artista recientemente desaparecido:

Fluye el flamenco. Tu guitarra abre
y marca el compás; canta, baila y llora;
y grita y enloquece tu amargura.
Nada falta: la espuma de la mar,
la vendimia y la sal. Y nada sobra.
Pulcro andamiaje de tu arquitectura.

La sección «Areniscas» va cerrando el poemario: me detengo en el poema «Abro mis brazos» que es un canto a la esperanza, una mirada hacia la tierra y la historia con los siguientes versos:

Abro mis brazos
esperanzadamente abiertos
y encuentro millones de brazos
esperanzadamente abiertos,
universalmente abiertos,
para forjar
el tiempo futuro de la historia.

No me cabe duda de que esa realidad esperanzada será un mundo distinto, basado en la igualdad, la libertad, la solidaridad y el bienestar de todos.

El recurso anteriormente aludido de monólogos personales aparece con frecuencia en esta sección, lo vemos en poemas como «Haz de tu voz callada tu palabra», «Hasta llegar aquí» y otros. Un caso muy claro de este diálogo que en realidad es «monólogo intimista» lo vemos en el poema «A ti, poema» donde el «yo lírico» del poeta interpela a su propia Palabra poética. Se repite con frecuencia el verso «Si fuésemos a la par, saldrías perdiendo». Y le dice a su propia Palabra, que es su «yo lírico exterior»:

Que sepas que te envidio.
Te envidio cuando, atrevido, irreverente,
sin vacilación alguna, despliegas tu velamen,
[...]
y te alejas de mi proa tan roma.

El individuo subjetivo que es el poeta tiene dudas sobre su libre capacidad de creación: «Como si yo fuese capaz de surcar los océanos a tu alcance», pero al mismo tiempo le recuerda la posibilidad de «perder» en ese desafío al citarle el verso: «Si fuésemos a la par, saldrías perdiendo». Sumiso y generoso, también agradecido, le dice a su propia Palabra ya expresada:

Por eso te digo que no me escuches, que no me esperes,
que no retengas tu paso para acompasarlo a mi arrastre

y la invita a irse libre al decirle:

y cabalgues cual Quijote por la senda de la indispensable utopía.

Sin dejar de recordarle: «Y siempre me tendrás a tu lado / como fiel escudero de tu alta figura».

Es un juego de libertad y contención, de control y de aperturas que el poeta establece para clarificar su canto, su intención de verdad personal y de conocimiento.

En esta misma sección de «Areniscas» encontramos otro poema, «Hoy necesito escribir», donde también percibimos esa naturaleza de monólogos, ahora organizados en tres unidades o cuerpos de tiempo que siempre concluyen en una situación o estado anímico de soledad y tristeza. Termina el primer cuerpo de tiempo en «y siempre hay una luz ingrata como la tristeza». En el segundo cuerpo de tiempo ocurre lo mismo: «y siempre hay soledad y tristeza». Y en el tercer cuerpo, casi al final del poema se dice «la tristeza de una alma sola». El poeta sigue en su dura tarea obsesiva y cierra el poema con el título inicial: «Hoy necesito escribir / pero no encuentro las palabras».

Finaliza el libro con la sección «Infiernos (Tiempos de guerra)», que nos pone ante los ojos la terrible realidad de la guerra, el horror organizado de la violencia y sus consecuencias de sangre, de muertes, de ruina y destrucción.

Ante ese panorama de salvaje y sistemático horror, la voz del poeta rompe en un grito estremecedor de rechazo y desconsuelo. El poema «Sangre» es la consecuencia de la barbarie: todo es sangre, agua, mármol, fuego, bosque, trigo, viento, noche, aurora, miedo, madre, hijo, beso, rosa, grito, verso, alma, tierra, muertos.

Todo es muerte sobre la tierra, no hay esperanza, la noche terrible, el campo de cenizas, los caminos sin nadie, las calles sin nadie... Toda la ciudad es un cementerio de tumbas abiertas.

El poeta en su poema «Vida en la guerra» muestra la desaparición de la vida:

¡Toda la tierra, toda la tierra sangra lágrimas
de odio sobre la tierra!
¡Toda la tierra, toda la tierra ahonda la fosa
de muerte sobre la tierra!

Pero no desaparece la esperanza de la paz; con el poema «A la paz» se cierra este hermoso libro de poesía:

El día que tu nombre no aclamemos,
que sea por la ausencia de la guerra.

El día que tu emblema no ostentemos,
que sea por la ausencia de la guerra.

El día que tus himnos no cantemos,
que sea por la ausencia de la guerra.

Vive por siempre siempre entre nosotros,
aunque desatendamos tu presencia.

José A. García Aguilera
Granada, 10 de mayo de 2023

A modo de saludo

A TI, QUE HOY ME LEES

Posiblemente hoy,
entre el ayer y el luego,
tus manos acaricien
este cerrado pliego,
resbalen por sus hojas
las yemas de tus dedos
y tus ojos rastreen
sus tan humildes versos.

Ya que el mismo Destino
dispuso nuestro encuentro
en la azarosa senda
del parlamento impreso,
sin avenir discursos
donde surgieran sesgos
ni mirar a los ojos
para ver nuestros lechos,
espero que mi pluma
acertara el dialecto
en que arbitró contarte
lo que fue mi pretexto.

De ti, lector ignoto,
ave rapaz del viento,
que oteas tu redor
oculto en tus secretos,
pudiera yo saber
qué sienten tus adentros;
cuáles de mis estrofas
anidan en tu pecho

cuando avizor atisbas,
desde tu cauto cielo,
si mis porqués trasuntan
los porqués del silencio.

Ahora, al despedirme,
que más decir no quiero,
tuyos son mis renglones
y un abrazo te entrego.
Cerca queda el mañana,
el tiempo pasa presto,
procura ser feliz
en tus futuros vuelos.

Arcillas

«*Algo que ya no es casi sentimiento,*
una disposición
de afinidad profunda
con la naturaleza y con los hombres,
que hasta la idea de morir parece
bella y tranquila. Igual que este lugar».

JAIME GIL DE BIEDMA

Adorable niñez

Adorable niñez de insondables vivencias,
en ti la verdad es
tan ligera, tan cándida, tan blanca y tan entera
que así quisiera ser
aquella que los sabios, cual utopía, anhelan.

A Salar

No eres en mí recuerdo de un tiempo ya pasado.
La flor de tus almendros, el olor de tu vega,
el frescor de tus fuentes y el color de la siega
perviven en mis días como paisaje anclado.

No eres en mí recuerdo de un tiempo ya pasado.
La humildad de tus gentes, la honradez de tu historia,
los verbos que me diste y el pudor de tu gloria
perviven en mis días como aporte sagrado.

Vengo de las entrañas de la Tierra

Como las altas cumbres prodigiosas,
vengo de las entrañas de la Tierra.
Como la austera sal de los océanos,
vengo de las entrañas de la Tierra.

Como la próvida agua de las fuentes,
vengo de las entrañas de la Tierra.
Como la humilde espiga de los trigos,
vengo de las entrañas de la Tierra.

Como el grito volcánico del parto,
vengo de las entrañas de la Tierra.
Como la hercúlea fuerza del amor,
vengo de las entrañas de la Tierra.

Vengo de las entrañas de la Tierra
como el túmulo fósil de la muerte.

IDOS SON YA

Idos son ya
aquellos
tiempos
blancos
en que no inquietaban
los días
ni el peso del pasado.

Aún recuerdo al labrador,
por el sol ajusticiado,
volviendo, camino arriba,
el cabestro de la mano;
las niñas entre costuras
y las mujeres fregando;
los hombres bebiendo vino,
los perros adormilados,
el cura jugando a cartas
y las beatas rezando;
el maestro bien leído,
los gitanos con sus tratos
y nosotros, como locos,
por la placeta jugando;
bañándonos en el río,
saltando por los cercados
y corriendo a toda prisa
por la carretera abajo:
huyendo del cementerio;
de los terrores arcanos;
de alguna historia maldita
que nos habría asustado.

Idos son ya
aquellos
tiempos
blancos
en que no inquietaban
los días
ni el peso del pasado.

El tren dejaba Granada
y atravesaba los campos
de aquella España sumida
en la miseria de Franco.
Andalucía se iba
y llegaban otros pagos
de lengua oscura y fría
como la boca de un sapo.
No quisiera recordar,
de donde he vivido tanto,
los días de humillación
ni los años...
los años de desencanto.
Me queda la buena gente
que me dio amistad y abrazo,
y esta entrañable familia
que me traje de la mano
a mi Andalucía de siempre,
a mi Andalucía de antaño...;
esta en la que ahora encuentro,
más que nada,
desarraigo.

Idos son ya
aquellos

tiempos
blancos
en que no inquietaban
los días
ni el peso del pasado.

Y frisando los sesenta,
lóbregos sesenta años,
llega de pronto,
sin haberlo llamado,
el frío
tiempo
consciente
que acucia
estos
días
cansos.
Estos días tristes
que se apilan en el alma
como en el cielo se apilan
las nubes grises.
Estos días largos
en que no aterra la muerte,
sino el miedo al fracaso.

Idos son ya
aquellos
tiempos
blancos
en que no inquietaban
los días
ni el peso del pasado.

TRAS LA LLUVIA

Para José Montero Corpas
y José Antonio García Aguilera

Ha escampado.
Un chaparrón tan solo; un aguacero
reventó las compuertas del bochorno
y desplomó su hastío a bocanadas.
Se ha ido igual que vino, de repente,
y ha dejado una tarde silenciosa,
transparente, liviana como un águila.

Rompen su gris las desmembradas nubes
y vierten luz y azul de primavera
sobre el sereno aire inmaculado.
Cándidas hojas lloran perezosas
lágrimas. ¡Cuánta paz! La tierra toda
huele a mojada. Allá lejos, el bosque
adentra su espesura entre las lomas.

Una escuadrilla de aves atraviesa
la amplitud de las hazas. Un chiquillo,
calado hasta la médula, contento,
por la estrecha vereda centenaria,
vuelve a casa silbando su alegría,
chapoteando su esplendor, viviendo.
La mano izquierda, alerta, en el bolsillo;
la diestra, columpiando varias trampas.

Regresa a mí el susurro del riachuelo
oculto tras el ronco trueno negro.

A PESAR DE TODO

*«Una tarde parda y fría
de invierno. Los colegiales
estudian. Monotonía
de lluvia tras los cristales».*

ANTONIO MACHADO

No era más que una tarde de colegio.
Ni un solo rayo iluminaba el aula;
solo la claustrofóbica luz pálida,
tan apesadumbrada como siempre,
salpicaba de asco las paredes.
Como ascuas, los pupitres crepitaban;
una melancolía de internado
se había apoderado del ambiente
y empujaba mi sombra contra el mal,
hacia el odio perverso, destructivo.
Era el castigo injusto, la impotencia,
el desaliento, la temeridad.
Fueron muchas las tardes, como esta,
heridas en su orgullo juvenil.
Hoy, pasados los años, aún recuerdo,
aún recuerdo la estancia y las presencias,
pero no puedo odiar.

Párvulas heridas

*«Todas las tardes en Granada,
todas las tardes se muere un niño».*

FEDERICO GARCÍA LORCA

¡Ay, párvulas heridas:
simas del alma!
Un gorrión se refugia
entre las ramas.

Bajo los tristes árboles,
un niño llora.
Bajo los tristes árboles
que se deshojan.

Roto el cristal

Roto el cristal, aún recuerda.

No es suficiente el olvido
para desterrar la ofensa.

Roto el cristal, aún recuerda.

Río solitario

¡Oh, alas blancas, rojizas,
azuladas o verdosas!

Sigiloso rumor. Río
solitario. Fueron obras
de mis manos tus orillas:
acequias, compuertas, pozas...

¡Oh, alas blancas, rojizas,
azuladas o verdosas!,
entreteniendo el camino
recuperáis la memoria
de algún agosto lejano
de dulces tardes sin horas,
¡oh, alas blancas, rojizas,
azuladas o verdosas!,
del que solo queda olvido
y el vuelo de alguna alondra.

¡Oh, alas blancas, rojizas,
azuladas o verdosas!

Cuando era niño

*«También tardé más de veinte años en dejar de avergonzarme
de que a la Ana Mari le gustara el flamenco pero también
el flamenquito; Lole y Manuel y Triana, pero también el Parrita
y Los Chichos y el Chiquetete».*

Ana Iris Simón, *Feria*

Cuando era niño,
fui de la mano de mis padres
a tantos sitios...

Cuánto queda de aquellos aledaños;
todo,
de su cariño.

Ahora, adulto,
voy de la mano de mis padres
a tantos sitios...

LAS ROCAS

Las rocas me fascinan desde niño.
Debe de ser su hermética tristeza,
su callada emoción ante el silencio
o su recogimiento cuando yo
soñaba mis hazañas a su vera.
O, a lo mejor, su solidez, su piel
áspera, su memoria de los hechos
que presenciaron en la extinta noche
y de los que serán conciencia eterna.
O, quizás, esa sencillez austera
con que se adornan de mullido musgo;
o esa humildad robusta, hospitalaria,
con que reciben la sagrada lluvia
que golpea y desnuda su grosor.
O, tal vez..., no, con toda certitud,
simplemente, el saber, de ellas, enormes
moles de enormes almas, su final.

Reencuentro con lo eterno

> *«Cuerpo fecundo de filoso esparto,*
> *cueva o fuente oculta donde rezuma*
> *gota a gota recogida en las manos*
> *la vida, la salobre agua, la muerte».*

José Antonio García Aguilera

Este ileso remanso que la tarde remonta
sin premura; su luz... espejada en acequias
que socorren cultivos de esfuerzos anegados.

Este canto secreto de secreta foresta,
de armoniosas choperas rebosantes de sombra,
de dramáticas ramas ferazmente vencidas.

Esta estrecha vereda que desliza su sierpe
entre zarzas; que salta; que al Bañuelo se asoma;
que descubre la iglesia sobre juncos y hazas.

Este recio olivar de muñones y alas,
pertinaz en su larga ascensión a la cima.
Y este blanco silencio, voz de nuestros ancestros.

LAS OQUEDADES DEL VIENTO

Debieron de huir por aquella oquedad
que escondite les daba.
Nunca más hice caso de ellos,
pero siempre estuvieron allí presentes.

Aún quedan sauces acariciando el recuerdo
de aquella bicicleta entregada al juego,
y *chilanques* de un río sin nombre
acogiendo los cuerpos desnudos.

Los viejos libros aún protegen vivas
reliquias de silencios enterrados,
de un tiempo que creció sin saber hacia dónde,
sin tener un porqué, temeroso al fracaso.

Las madrugadas ebrias aún abrazan sofás
y derraman cafés por las cocinas extrañas.
Nunca fueron tantas las derrotas
ni tantas las victorias.

Después fueron los siglos.

Aún hoy, entre el ramaje sombrío del miedo,
acogen fantasmas las oquedades del viento.

HOY ENTIENDO POR QUÉ

Porque la tierra ofrece los recuerdos
de aquellos días de arriesgadas alas
que nunca sometieron sus porqués
a las grandes cuestiones sin razones.

El tiempo aniquiló la soledad
en la última página del libro
que nunca acabé; más allá del último
trecho de la vereda que fue
                              ruta
inacabada de un angosto estío.

Hoy entiendo por qué, sobre la tierra,
mi memoria contempla los olvidos
como recuerdos sin respuestas nuevas,
sino descritos como escritos fueron.

Guijarros

«Bien sabes
que el mundo tiene una puerta,
la puerta tiene una llave,
y la llave abre una noche
corta pero interminable».

LUIS ROSALES

QUÉ ETERNAMENTE AJENO ES VIVIR

¿Hacia dónde voy hoy?
Ayer vine hasta aquí.
No me preguntes cómo ni por qué.
¡Ojalá yo supiera...!
Estoy aquí, sin más,
cansado y temeroso
por no saber quién fui, quién soy ni quién seré;
por no saber adónde me lleva, no sé quién.

Qué eternamente ajeno es vivir.

Si pudiera volver a la escuela de niño

Si pudiera decirte con palabras intactas,
con palabras erguidas sobre nuestras cadenas.
Si pudiera escribirte con palabras de hoy,
con palabras precisas, con palabras que hablaran.
Si pudiera expresarme sin palabras siquiera,
con la voz de las hojas, con la voz de la tierra.
Si pudiera contarte como cuenta ese niño
sus pesares, sus miedos, sus locuras de niño,
con sus lágrimas fijas en sus ojos de niño,
con su risa prendida en sus labios de niño.

Si pudiera volver a la escuela de niño.

... Y DEJAR QUE LAS LÁGRIMAS ME SALVEN

Esta lluvia de hoy no es más hermosa
que la de ayer, ni hoy redime más;
pero, mientras resido en este día
de soledad sin llanto, qué mejor
que agrandarme y que el cielo provisor
descargue sobre mí sus dulces lágrimas;
alzar la boca inmensamente abierta
y que un vasto diluvio entre raudo
y abreve mis barbechos desolados.

Qué mejor que sentir bajo mi piel
cómo se empapan mis rizomas secos
y se estremecen sus retoños nuevos.

Qué mejor que olvidar la soledad
y dejar que las lágrimas me salven.

Quisiera sentir en mí

Quisiera sentir en mí
un yo distinto a mí mismo,
libre de mí por entero,
libre de todos mis siglos.

Sobre la tierra

«... *como tú,*
guijarro humilde de las carreteras».

LEÓN FELIPE

Sobre la tierra,
como tú,
verme así siempre,
como tú,
piedra ligera,
como tú,
piedra entre piedras,
como tú,
sobre la tierra,
como tú,
guijarro humilde,
canto que rueda,
como tú.

QUÉ ES MI YO

Qué es mi yo, sino la nada toda
que en mi almohada sueña con temor;
la sombra de aquel rostro que no fue;
el roce de un recuerdo.

EL SILENCIO DE LA NOCHE

I

El silencio de la noche entra sin pedir permiso.

Las noches de mucho frío, se filtra por las rendijas,
muy lentamente se acerca y, sin pausa ni preámbulos,
se sienta a charlar contigo de tus hazañas más íntimas,
como si fuese un amigo con quien hubieses cursado
niñeces y juventudes de memorias compartidas.

Las noches de viento y lluvia, irrumpe con diligencia;
despeinado y desenvuelto, llega huyendo de su sombra;
presto, te busca, te abraza y tiernamente te besa
con un aire distraído, así, como si tal cosa:
en la mejilla, primero; en la boca, si lo dejas.

Las noches de primavera, silencioso como un junco,
vigilante tras las rosas, solo espera que te vuelvas
para colarse a hurtadillas y darte un pequeño susto.
No son más que simples bromas de un mozalbete que intenta
extraer una sonrisa de tu corazón enjuto.

En las noches tormentosas, desprovisto de etiqueta,
aparece en tu despacho mirándote frente a frente;
no precisa intermediarios, y, con la mayor crudeza,
comienza a desempolvar tus peores oropeles
y a desmenuzar aquellos pasajes que te avergüenzan.

Las noches de luna llena, mientras recoges la alcoba,
se acurruca en un rincón, palpitante, quejumbroso,
como perro cazador agotado tras su hora,
y acecha tus parpadeos, tus andares cautelosos,
tus carraspeos y esa tu forma de pensar ronca.

En las noches de verano, mientras tu espíritu exhala
el calor de los viñedos, la brisa enjuga tu rostro
y todo alrededor es placidez y exuberancia,
se desliza suavemente bajo estandartes de oro
y canta,
o acalla, el verso esculpido en el friso de tu alma.

Hay noches en que el silencio de la noche se retrasa
y una zozobra mordaz se apodera de nosotros.

II

El silencio de la noche a veces llama a la puerta.

Taciturno, cabizbajo, frente al frío umbral espera.
Sabe que no abrirá nadie; dentro, la angustia no cesa.
Suele suceder las noches en que la agria soledad
emborrona las paredes con garabatos soeces,
hace estallar los cristales gritando gritos feroces
y mortifica alacranes con sus propios aguijones.
En ocasiones así, el silencio de la noche
llora para sus adentros, se da media vuelta y huye.

III

El silencio de la noche no fuma la misma marca de cigarrillos que tú
ni presume de carácter para parecer más fuerte como tú haces a
[menudo
ni desvía la mirada cuando por la calle ve su propia decrepitud
ni aparenta ser feliz en las cenas de trabajo junto al jefazo de turno
ni se hospeda en el Olimpo cuando se siente aclamado por la regia
[multitud.
El silencio de la noche no se amedrenta ante nadie y habla claro a todo
[el mundo.

El silencio de la noche solo se parece a ti en que es tan cruel como tú.
El silencio de la noche solo se parece a ti en que es tan fiel como tú.

SI YO FUESE ESTE QUE TÚ VES

Si yo fuese este que tú ves,
así, tan callado cuando calla,
tan demostrativo cuando habla,
tan ensimismado cuando piensa,
tan incontenible cuando ama,
tan incontrolable cuando odia,
tan desaforado cuando grita,
tan desconsolado cuando llora
o tan justiciero cuando enjuicia,
yo sería aquel que tú conoces,
otro, tan distinto a mí, que nunca
podría morir como yo muero.

Si pudiera ser...

Si pudiera ser luz y sombra,
agua y sed, temor y bravura...
Si pudiera ser noche y día,
a y zeta, ardor y cordura...
Si pudiera ser mar y tierra,
sí y no, rudeza y ternura...

Si pudiera ser...

Somos duda en la nada

Porque somos futuro
de un pasado marchito
porque somos pasado
de un futuro azaroso
porque somos presente
de un instante ya ido

somos duda en la nada.

De lo que atrás dejamos

De lo que atrás dejamos,
solo quedan cenizas:
recuerdos de verdades,
olvidos de mentiras.

O tal vez queden, pétreos,
como recias rüinas,
dovelas de verdades,
escombros de mentiras.

Noche entera

«¿Quién puede responder sin ningún truco
a las preguntas viejas, enquistadas,
hechas parte de ti?».

JAVIER EGEA

No medita la noche.
Por sus horas las hojas callejean.
Cuatro búhos adornan su mañana de muerte.

Con los ojos clavados en la espera del sueño.
Con las manos abiertas al vacío.
Con el aire sin aire.

Por las rutas del tiempo
la tortura atraviesa
la verdad de la noche.

Pero el tiempo siguió impasible

«Rostros que ya no son,
aire que ya no existe.
Porque el tiempo se venga
de quienes rompen el orden natural deteniéndolo,
las fotos se resquebrajan, amarillean».

José Emilio Pacheco

Esos ojos me miran como yo
miraba en aquel tiempo que quedó
intacto, impreso en la fotografía;
perpetuado en los ojos que lloraron
la marcha de los seres que se fueron
para siempre y no vieron nuestro llanto.

Pero el tiempo siguió impasible, firme-
mente asido al transcurso de la vida,
hundiendo su venganza en nuestros ojos
como mugre que se hunde en la sentina.

Esta noche tan fría

Qué frío, el de esta noche tan fría.
El de esta noche tan fría
y tan oscura.
Parece como si todo el cielo
cayera helado
sobre estos hombros míos
tan cansados;
tan cansados, ya, de tanta espera;
tan cansados de esperar
sin saber
qué esperan.

Estos hombros míos...,
tan cansados...,
tan helados, ya,
en esta noche
tan fría y tan oscura;
en este invierno
que acaba helando
tantas raíces solas bajo tierra;
que acaba helando
a tantos muertos solos bajo tierra;
a tantos muertos
tan cansados, ya, de tanta espera.

Qué frío, el de esta noche entera.

Calizas

> *«No digáis que agotado su tesoro,*
> *de asuntos falta, enmudeció la lira;*
> *podrá no haber poetas; pero siempre*
> *habrá poesía».*
>
> GUSTAVO ADOLFO BÉCQUER

No es la palabra un mayor encuentro

«Las palabras me llevan a la tristeza siempre».
Manuel Alcántara

No es la palabra un mayor encuentro,
sino una más de nuestras soledades.

Como agua

Como agua vienes a mí;
como agua, de mí, te alejas.

¿Dónde tus fuentes se ocultan?
¿Dónde tu niñez se alberga?
¿Por qué recorrido ignoto
corre la vena que a mí,
plectro divino, te acerca?

Como agua vienes a mí;
como agua, de mí, te alejas.

Cuando de mi alcoba huyes,
¿dónde tu cuerpo se hospeda?
Quiero salir a tu encuentro,
quiero abrazarte con fuerza
y quiero que siempre adornen
tus torrentes mi cimera.

Como agua vienes a mí;
como agua, de mí, te alejas.

A TI, PALABRA

> *«No sé con qué decirlo,*
> *porque aún no está hecha*
> *mi palabra».*
>
> JUAN RAMÓN JIMÉNEZ

A ti, palabra, te invoco y reclamo:
sé tú el labrado que dé el perfil justo,
el cuerpo exacto que acoja mi arrabio.

A LA NADA

Tú sola ocupas tanto...
Tan solo por estar en mí, eres universo.

Tu cuerpo yace, primorosa perla,
en la impoluta cripta del silencio,
y, cual de plácida semilla,
de ti brota la más alta copa del hombre.

¿Quién dice que no eres?
Si yo supiese quién te niega,
le hablaría de ti con tanto apego
que todo su anhelo sería
alcanzar tu presencia.

NO SÉ LEER MIS VERSOS

No sé leer mis versos.
¡Si pudiera saber qué dicen!...
¡Si pudiera escuchar su acento!...

Necesito que huyan
a otros labios que digan...,
a otros labios veraces
que me digan qué dicen;

oírlos en voz alta,
firmemente leídos
desde el sol de otra casa,
y que yo entero tiemble
como tiembla la cuerda
cuando escucha su temple.

Sin ti, luz

Sin ti, luz, nada somos.
Hojas muertas;
                    hundidas
en la profunda noche de una ciénaga.
Hojas muertas;
                    hundidas.
Simplemente, despojos.

A LAS ALAS

Sois destreza; enigmáticas
musas; alta utopía.

Surcáis el cielo incruentamente herido:
bajáis al fondo incólume del viento
para luego ascender al vasto azul
empíreo donde sois placientes diosas.

Diosas sois de mis versos.
Diosas sois en mis sombras.

FUE LA NOCHE

Te fuiste de mí adónde.
Por qué caminos secretos.
Borradas fueron tus huellas
por los designios del viento.

Fue la noche.
                    Noche era.
Vino a mí por ver mi llanto.
Besé sus labios de cera.
De cera era tu encanto.

Sobre las palabras

Este es mi parecer, querido amigo:
las palabras se muestran
según la pluma con que son escritas
y la candela con que son leídas:
alegres, taciturnas, caprichosas,
un tanto doloridas y, también,
encantadoramente revoltosas.

Perspicaces, sensatas, terroríficas,
tozudas, cristalinas, poderosas
o tan desprotegidas e inocentes
que no te atreves a dejarlas solas.

A veces pienso en ellas como aves
prodigiosas, excelsas, casi diosas,
elevándose en vuelo sin fronteras
sobre las podredumbres terrenales.
Otras, no sé por qué, las imagino
constreñidas, castradas, casi ociosas.

Tengo que confesarte que también
deleznables, malvadas, asesinas.

Te repito otra vez, querido amigo:
las palabras se muestran
según la pluma con que son escritas
y la candela con que son leídas.

SOBRE PIEDRA

Si pudiera cincelar los secretos de mi alma
sobre piedra;
y así la piedra pudiera gritar..., gritar mi silencio
para siempre.

Marismas

«Más allá de la playa reflejada en el viento
ha de haber un país
donde, como las olas, mi añoranza
muera cuando los sueños me hayan abandonado.
Si un camino no lleva hasta la muerte,
es tan solo un camino sin salida».

Joan Margarit

CANCIÓN DE CUNA

En agradecimiento a Carlos Cano

Serena el río su alma
al son de *Aires de cuna*.
Feliz, mi niño se duerme
frente a una quieta laguna.

Irá mañana a bañarse
donde la mar se le junta:
al vaivén del oleaje
y al abrigo de las dunas.

Y llevará en su morral,
envueltos en seda pura,
caramelillos de mieles
para que endulcen la espuma.

El río Guadalquivir
va de Cazorla a Sanlúcar
correteando entre juncos
y persiguiendo a la luna.

EN ESTOS TORPES RENGLONES

Para Alfonso Hervás Madrid

En estos torpes renglones
quisiera contarte un cuento
de los que antaño contaban
nuestros padres en invierno;

en noches de luna llena,
en noches de fuerte viento:
silbando por las rendijas,
entre las ramas crujiendo;

en noches de aullidos tristes,
aullidos de tristes perros
que de sus sombras huían
para esconderse del miedo;

en noches de campanarios
que a muerto tocaban lejos
—por las paredes subía
un escalofrío seco—;

en noches de leña vieja,
las frías manos al fuego:
solas, las horas pasaban;
hervía, absorto, el puchero.

Comencemos a hilvanar
el cuento sin más rodeos:
Érase una vez...
     ¡Demonios,
en mal olvido me veo!

Paisaje de otoño (en Massachusetts)

Para mi mujer

Toda la luz es fuego,
todo es color prendido,
todo en sí enamorando:
rojos, naranjas, verdes,
naranjas y amarillos,
amarillos y rojos,
amarillos,
amarillos y verdes.
Todo el color del mundo
hecho otoño;
hecho otoño en tus ojos.

Qué manantial de tiempo
tan sin par, deslumbrante
sobre su extensa alfombra,
bajo su enorme cúpula.

Días, estos, de otoño:
gratos días
para decir «te quiero».

Se deshacen los árboles;
se deshacen en pétalos
que caen,
que lentamente llueven
como si fueran besos.

Días, estos, de otoño,
que se escapan,
hora tras hora, huyendo:
como huyen las aguas,
como huyen los años,
prodigando recuerdos.

Días, estos, de otoño:
gratos días
para decir «te quiero».

En Boston, octubre de 2022.

AL AJEDREZ

¡Cuántos recónditos caminos cruzan
el preciso mosaico de tu estepa:
esmerado tapiz sobre el cuadrado
perfecto que la escuela bien corea!

¡Cuántos reyes y reinas se cobijan
en tus fornidas torres! ¡Cuántos nobles
y vasallos dirimen sus destinos
sobre tus vastos campos de amapolas!
¡Ni armas ni sangre cubren tus praderas,
solo razones lógicas, enteras!

¡Cuánta leyenda te rodea! ¡Cuánto
silencio en tu presencia! ¡Cuánta luz!
¡Cuánta derrota victoriosa! ¡Cuánta
victoria! ¡Todo es, en ti, grandeza!

¡Y cuántas epopeyas rememora
el almanaque justo de tu historia!

Homenaje a Manolo Sanlúcar

Hasta el silencio es música en los cielos
de coral espejados en las aguas
del gran río que entrega su andadura.
El viento de poniente rememora
paisajes y nostalgias en las cuerdas
que rasguea con genio y con mesura.

Fluye el flamenco. Tu guitarra abre
y marca el compás; canta, baila y llora;
y grita y enloquece de amargura.
Nada falta: la espuma de la mar,
la vendimia y la sal. Y nada sobra.
Pulcro andamiaje de tu partitura.

Cae la noche. El tablao recuerda y calla.
Oscura luna enluta el firmamento.
Al alba se engrandece tu estatura.

El sabor de Sanlúcar

Silenciosa y azul,
la mañana desprende
el sabor de Sanlúcar.
El que surge
del alma
de bodegas
tendidas
sobre arenas
que cantan.
Territorios de ensueño
donde viven
la flor,
la madera y la calma,
que a la cepa
confieren
la solera
de añadas.

OLA DE SAL

Estallido blanco. Blanca fiereza.
Alta espuma blanca. Blanca espesura
de ingrávidas perlas. Blanca proeza.

Sinfonía blanca. Blanca pintura.
Brazos blancos, blanco cuello, tú, toda,
arcoíris blanco, blanca escultura.

Cabellera blanca. Blanca pagoda.
Raudos velos blancos. Lluvia y rocío.
Ola de sal. Blanca luz. Blanca coda.
Armonía blanca. Piélago mío.

Homenaje a Pablo Neruda

Si no hubieses escrito, poeta del amor,
poeta de la tierra, tu poema vigésimo,
lento poema de tristeza honda,
de esperanza y olvido,
el hombre no podría derramar su dolor,
yo ahora no podría derramar mi dolor
repitiendo, gimiendo
estas palabras tuyas, mías, nuestras,
Puedo escribir los versos más tristes esta noche.
eternamente tristes,
En las noches como esta la tuve entre mis brazos.
tristes cual noche inmensa
derrumbando su peso
sobre mi soledad;
Pensar que no la tengo. Sentir que la he perdido.
y eternamente vivas,
eternamente henchidas;
Y el verso cae al alma como al pasto el rocío.
recio tronco de árbol
que despliega sus ramas
para ser sombra fértil;
Ya no la quiero, es cierto, pero tal vez la quiero.
la sombra que cobije
un nuevo amor eterno.
mi alma no se contenta con haberla perdido.

Y repetirlo, siempre, eternamente:
Aunque este sea el último dolor que ella me causa,
y estos sean los últimos versos que yo le escribo.

HOMENAJE A ANTONIO MACHADO
(Y, EN ÉL, A TODO EL MAGISTERIO)

Qué ventura que hayas sido aquí;
que escribieras lo que has dejado escrito;
que me hablaran maestros de ti
cual las madres a sus hijos;
que a mi alcance pusieran tus versos;
que a leer me enseñaran en ellos
las palabras que ellos enseñan,
la humildad que ellos encierran,
la grandeza que en ellos rebosa,
la poesía que en ellos es.
Qué ventura andar...
y pasar...
                haciendo, contigo, caminos.

Areniscas

«Nada hay solitario en la tierra.
Creemos el hombre nuevo cantando».

Rafael Alberti

QUE CADA BOCA ENTIERRE LA MENTIRA

Que cada boca entierre la mentira.
Que mil silencios caigan de repente
sobre la sucia boca
que pretenda decirla.
Que la boca incapaz
de decir siempre
solo la verdad
enmudezca;
que su voz se reseque
y que nunca pronuncie la primera palabra.

Haz de tu voz callada tu palabra

Haz de tu voz callada tu palabra.
Haz del silencio tu horizonte y haz
que solo hable el hondo de la nada.

Olvida todo y calla.
                    No interrumpas
la sinfonía exacta de tu alma.

HASTA LLEGAR AQUÍ

Hasta llegar aquí hemos andado un largo
camino de febreros y de siglos.
Los hayedos perdieron su color
y los campos helaron sus desnudas arcillas
cada año, cada siglo,
sin nosotros vivirlo.
¿Ha sido tan fugaz
este caminar nuestro,
o ha sido tan eterno?
Entre rimas y horas
olvidamos los versos,
olvidamos el tiempo,
hasta que hoy, por fin hoy, hemos visto el paisaje,
el entero paisaje de la vida:
todo un campo invernal mostrando sin rubor
sus vencidas entrañas, sus famélicas ingles.
Hemos andado un largo
camino de febreros y de siglos.

Hasta llegar aquí hemos labrado un vasto
páramo de silencio,
hemos andado un largo camino sin palabras,
sin acuñar palabras para decir «te quiero».
Hemos alzado solo proclamas vanidosas,
declamadas sin tregua sobre escenarios tristes,
sobre escenarios vanos.
Después de tanto tiempo,
después de tanto andar,
no encontramos palabras para decir «te quiero».

HOY NECESITO ESCRIBIR

Para Miguel Ángel Carillo Cueto

Hoy necesito escribir.
Voy para casa.
La ciudad me parece extrañamente triste.
Estoy solo en una estación de metro.
Soy el último, el último de todos,
a cierta distancia de la multitud.
El metro vuela ahí detrás ensordeciendo la bóveda.
Las palabras se agolpan ante mí dándome la espalda,
[huyendo.
Las veo subir mecánicamente, estáticas, silenciosas,
bajo una luz ingrata y devastadora.
En las estaciones de metro siempre es de noche
y siempre hay una luz ingrata como la tristeza.

Hoy necesito escribir.
Ya me falta poco para llegar a casa.
La calle me parece extrañamente amarga.
Es de noche y estoy en una parada de bus flagelada por
[el viento.
Las palabras pasan ante mí
hacinadas en un autobús que también pasa de largo,
que olvida su rastreo
y se pierde lejos tras el último semáforo de la Tierra.
Desde mi refugio, a cierta distancia,
miro a la gente que extrañamente no vocifera ni increpa
[al conductor.
En las paradas de bus siempre es de noche
y siempre hay soledad y tristeza.

Hoy necesito escribir.
Ya estoy en casa; solo.
La habitación me parece extrañamente agotada.
Es de noche, el cielo ha perdido las estrellas
y un lago se ha tragado la luna.
No hay palabras en un cielo sin estrellas ni en un lago
                                                    [sin luna,
solo tristeza
y el silencio inconfundible de las cavernas.
Grito y el silencio ahoga extrañamente mi grito.
Callo y el silencio amplifica extrañamente mi ausencia.
En las cavernas siempre es de noche
y solo hay tristeza:
la tristeza de una alma sola.

Hoy necesito escribir,
pero no encuentro las palabras.

Sobre cosas sin mayor importancia

Esto no es una broma.
Ni el guion de una película de Hollywood.
Ni la historia de una marioneta
sometida al capricho de unos hilos.

Son las tres menos cuarto de la tarde.
Luce un apetecible sol de invierno.
Una línea de sombra delimita
cruelmente la pericia y el temblor.

No hay nada que ocultar en soledad;
ni siquiera las lágrimas.
Quedan las manos temblorosamente
inermes. Hay temor en la vergüenza.
Es la impericia hoy sobrevenida,
ayer ya solapadamente aquí:
esa edad pertinaz, incorregible;
esa inseguridad que merodea
implacable, injuriosa, tremebunda.

¡Cuántos no entenderán!
(¿O será que no sé cómo contarlo?)
Otros solo dirán impertinencias.
Y muchos no sabrán
o no querrán saber de qué les hablo.
Ojalá tú me atiendas.

Yo lo vi y me aterré.

Mercaderes de palabras hábiles

Repudio la verdad grave que venden
desde sus inequívocas casetas
los mercaderes de palabras hábiles
al precio ímprobo de frentes reas.

La sutileza de su verbo impregna
las ávidas raíces de la infancia,
inunda las praderas de la vida
y eclipsa para siempre las mañanas.

Su intencionada vehemencia oculta
imposturas y burdas sinrazones
místicamente enmascaradas: sombras
flotando en el vacío de la noche.

Si su abecé pudiera cimentar,
sin ardides fulleros de ultratumba,
su armazón axiomático, yo mismo
rendiría mis versos a su altura,

pero nunca vendrían a postrarse
al precio miserable que suplican
ni a la ufana arrogancia que presumen
desde sus altas torres, tan derruidas.

La niebla no nos deja ver los acantilados

La niebla no nos deja ver los acantilados.
Ahí permanecen: horrores no vencidos; hirientes alaridos
[en el desván.
Fue la vida una hermosa mujer
luciendo un elegante vestido
de palpitante escote
en donde los ojos se hundían.

La niebla no nos deja ver los acantilados.
En los pliegues del alma crecen líquenes que sangran en
[la oscuridad.
En nuestro silencio intangible, ni la impaciencia precipita
[el ocaso del día
ni la ceguera impide que la luz atraviese las miradas.

La niebla no nos deja ver los acantilados.
Las vías muertas acumulan vagones de eternidades sin horas.
Fueron tantas las vocales castradas...
y tantas las pisadas que no avistaron las estrellas...

La niebla no nos deja ver los acantilados.
Porque el tiempo es incapaz de eludir los fangos de
[las cavernas.
Y hay noches que se arrancan los ojos
para no enloquecer con la madrugada.

La niebla no nos deja ver los acantilados.

En sus manos (sobre el poder)

Probé un ápice de él.
Un ápice solamente
y comprendí mi terror.

En sus manos aletea
un pájaro caprichoso:
apacible y despiadado,
sus angelicales alas
gigantescas y diabólicas
ensombrecen la conciencia.

En sus manos gimotea
un impúber entomólogo
de endiosadas intenciones
capaz de martirizar
millones de mariposas.

En sus manos se estremecen
los distinguidos estambres
de la más lasciva flor,
los más elevados riscos
visionarios del futuro,
la más deleznable veta
de la inmundicia del hombre.

En sus manos se cimenta
la epopeya de la historia.

¡AQUELLAS NUBES!

¡Oh pobres almas nuestras
que perdieron el nido
y que van arrastradas
en la falsa corriente del olvido!

RAMÓM LÓPEZ VELARDE

¡Aquellas nubes!
¡Con sus alas vacías!
¡Sin recuerdos!
¡Con sus alas vacías!

Pasaron
con sus alas vacías;
sin recuerdos.

Siempre adelante.
Siempre adelante.

Ajenas al pasado,
prendidas del futuro,
huían de ellas mismas;
perdidas,
ajenas al pasado,
prendidas del futuro,
huían.

Siempre adelante.
Siempre adelante.

Olvidaron sin llanto
sus recuerdos.
Olvidaron sin llanto
a sus muertos.
Perdidas,
sin mirar atrás,
perdidas,
llegaron, al fin, a su fin,
a su último fracaso.

¡Aquellas nubes!

TIEMPOS

*«I s'agafen les mans
els vells amants».*

JOAN MANUEL SERRAT

I

Cuando el tiempo
del más cándido albor;
cuando el tiempo
de la ternura y el primer recuerdo;
cuando el tiempo
del juego, la pregunta y el asombro.
Cuando el tiempo minúsculo.

II

Cuando el tiempo
de la sacrílega sabiduría;
cuando el tiempo
de la procaz blasfemia;
cuando la piel rebosa impúdico manjar
y los febriles ojos
son
llameante deseo;
cuando toda lealtad excede al miedo,
al dolor, a la hombría,
y toda libertad es diosa única
de las deidades todas;

cuando lugar no encuentra la ponderada duda
—parca en palabras, pródiga en silencios—
y preferencia goza
el conocerlo todo,
alardear del mundo
sometido al ardor incontenible,
desprovisto del límite de la prescrita muerte,
invicto ante los siglos aún no escritos.

III

(¡Ay de aquel tiempo ido,
de las horas vividas en la virgen
desnudez del altruismo;
de la palabra repentina, franca,
soberbia como cántico,
ufana de victoria!
¡Ay de aquel tiempo ido!)

Venidos son después los tiempos ominosos,
rebosantes de ruido,
de codicia;
impuestos por quién sabe qué amenaza;
tan ladinos y abstrusos
que son tardíamente descubiertos,
tardíamente desenmascarados
y nunca totalmente derrotados:
ahí sus persuasivos emisores
—sátrapas sin escrúpulos—,
sus obscenos tentáculos,
sus cabales verdugos inconfesos;

ahí sus hijos ciegos, moribundos,
sumisos como mansos;
salvo aquellos
que en tal hora siniestra
excarcelan grilletes,
abandonan la celda confortable
o, tal vez, iracunda,
y, entre la duda y la razón, persiguen
la intachable verdad
—máxima dignataria
del más íntimo yo—
que libera de toda esclavitud.

IV

Cuando las hojas de la piel traslucen;
cuando el deseo es el más sereno encuentro;
cuando deidad ninguna su Partenón habita;
cuando la voz es pozo donde el que escucha abreva;
cuando la duda es duda en la duda
y, del fracaso, la presencia turba,

el universo, al fin, tal cual se acerca;

y se acercan las manos
y se acercan los cuerpos
y se acercan los labios;

y se acercan las ansias
y se acercan los miedos
y se acercan las lágrimas;

y se acerca, finalmente, la nada.

(¡Ay del tiempo que fue!
¡De este nunca siempre,
de los cerrados ojos,
del silencio infinito!
¡Ay del tiempo que fue!)

A QUIEN SE RECLUYE EN SÍ MISMO

Para María

Abre tus grandes párpados sin miedo
y contempla la noche esbelta y guía;
sube a la firme sierra donde asoma
la aurora que anticipa un nuevo día.

Llena tu salvo pecho precavido
del viento que despunta contundente;
recorre los parajes minuciosos
donde fluyen las aguas en torrente.

Alza tu humilde talle sin reparo
y ofrece al mundo entero tu estatura;
luce en la enorme plaza porticada
que acoge con decoro la hermosura.

ABRO MIS BRAZOS

«... no se me alcanza
que haya quien ha perdido
toda esperanza».

ANTONIO CARVAJAL

Abro mis brazos
hacia el inmenso mañana de la historia
y mi pecho se hinche como vela al viento.
Abro mis brazos
hacia el naciente sol
y me acoge un cielo que ofrece su luz
al tiempo futuro de la historia.
Abro mis brazos
hacia el azul, verde y ocre
de una tierra que entrega su cuerpo
al tiempo futuro de la historia.
Abro mis brazos
esperanzadamente abiertos
y encuentro millones de brazos
esperanzadamente abiertos,
universalmente abiertos
para forjar
el tiempo futuro de la historia,
el único tiempo del futuro,
el único tiempo de la historia:
el inmenso mañana de la vida.

Y HABRÁ...

Para mis hijos

«*Esas personas, que se ignoran, están salvando el mundo*».

JORGE LUIS BORGES

Y habrá volcanes humedeciendo la tierra
y plácidas llamas emergiendo de los ríos
y férreos grilletes redimiendo esclavos

y ágiles raíces horadando el aire
y gotas de lluvia ascendiendo hacia el sol
y diestras espadas suturando heridas

y briosos vientos amansando el océano
y frías estrellas incendiando la noche
y nuevos dioses creando un mundo nuevo.

Ya

El instante presente murió ya.
Fue hace ya un instante.
                              —¿Lo recuerdas?
Ya es pasado. Ya, nunca más será.

¿O quizás sea ya eternamente?

A TI, POEMA

Si fuésemos a la par, saldrías perdiendo.
Atiéndeme, por favor; no te escabullas como de costumbre.
Debes saber que yo soy, al contrario que tú, justo lo que soy,
y que mi mano no es la mano intrépida del viento,
sino que muere aferrada a mi brazo
como la reja al cuerpo del arado:
mandada, obediente, casi exhausta siempre,
sin atreverse a abrir más surcos
que aquellos que la mano en la mancera fuerce.

Si fuésemos a la par, saldrías perdiendo.
Te lo repito; te lo repito y te lo repetiré siempre:
si fuésemos a la par, saldrías perdiendo.
Que sepas que te envidio.
Te envidio cuando, atrevido, irreverente,
sin vacilación alguna, despliegas tu velamen,
sostienes fuertemente el timón
y te alejas de mi proa tan roma
acuchillando todo el azul del mundo;
y no me ofendes;
al revés: haces que me sienta alejado, yo también, de mí mismo,
como si fuese capaz de ser,
como si fuese capaz de ser, por un momento, tú.
Como si yo
fuese capaz de surcar los océanos a tu alcance;
como si yo
fuese capaz de tensar las drizas
y dirigir mi proa mar adentro,
sin miedo a perder de vista la costa circundante,
la costa siempre sumisa como yo mismo siempre.

Si fuésemos a la par, saldrías perdiendo.
Por eso te digo que no me escuches, que no me esperes,
que no retengas tu paso para acompasarlo a mi arrastre
y que seas tú quien tome las riendas de Palabra
y cabalgues cual Quijote por la senda de la indispensable utopía.
Y siempre me tendrás a tu lado
como fiel escudero de tu alta figura.

Donde el tiempo pasa

Es la misma campana
de aquella noche insólita
en que por vez primera
supe de su llamada.

Su sombrío doblar
estremeció mi pecho
con su canción de muerte.

Es la misma campana;
es la misma llamada
que en otra noche insólita
no atenderá mi pecho.

No quiero que maquillen mi cadáver

> *«Un día qualsevol foradaré la terra*
> *i em faré un clot profund*
> *perquè la mort m'arreplegui dempeus,*
> *reptador, temerari».*
>
> Miquel Martí i Pol

No quiero que maquillen mi cadáver.
Cuando la muerte se haga con mi espada
querré mostrar al mundo mis heridas.

Infiernos
(Tiempos de guerra)

SIN CONSUELO

«... ¡oh lívidas raíces pululantes,
oh malditas raíces
del odio, en mis entrañas,
en la tierra del hombre!».

DÁMASO ALONSO

Impera el odio desmedido.
                        —¡Dime
de dónde surge, cómo por doquier
respira!
            Ya las dulces amapolas
arrastran sin consuelo
su rojo ensangrentado.

ENTRE LA ESPESA MARAÑA DE MUERTE

Entre la espesa maraña de muerte
el sol huye,
la tierra sucumbe.

Fijos sus grandes ojos en la nada,
llora lágrimas, barro y estupor.
Reseca, rota su garganta,
un grito alza inaudible
donde todo es estrago.

Solo un vientre
aún convulso
acudiría a su voz,
acallaría su llanto,
calmaría su dolor.

Un estruendo, el aire cruza y hiela.

¿Dónde el llanto?
¿Dónde el grito?
¿Dónde el sol ya huido?

Entre la espesa maraña de muerte...

SANGRE

Sangra el agua.
Sangra el mármol.
Sangra el fuego.
Sangra el bosque y sangra el trigo.
Sangra el viento.
Sangra la noche.
Sangra la aurora.
Sangra el miedo.
Sangra la madre y sangra el hijo.
Sangra el beso.
Sangra la rosa.
Sangra el grito.
Sangra el verso.
Sangra el alma.
Sangra la tierra y sangran los muertos.

ABRIENDO PASO AL ALBA

¿Dónde está tu sonrisa?
La tuviste en tus labios de niño
y la entregaste a un truhan
que la estrujó
y la tiró al muladar.

¿Dónde están tus manos?
Alguien levantó el hacha
que dio el golpe exacto.
¿O fuiste tú
para no disparar contra tu alma?

¿Dónde están tus ojos?
Los vieron junto a los míos
a la orilla de un mar de sangre.
Allí seguirán
sus órbitas
abriendo paso al alba.

... Y VEAMOS EL TIEMPO DE LAS MIESES

I

Cuando pienso en los tiempos que han de ser
y siempre aquí venidos desde dónde...

¡No puede ser tan puto nuestro mundo;
tan ajenos los pasos que nos llevan!

¡Es tan largo el invierno sin las rosas!...

II

¡Cuando pienso en el tiempo que será
cuando las rosas todas amanezcan
y veamos el tiempo de las mieses
sobre las eras!

VIDA EN LA GUERRA

La noche llega terrible al brocal del pozo sin nadie,
al campo de desnudas cenizas sin nadie.
La noche llega terrible al paciente camino sin nadie,
al rotundo vacío de las calles sin nadie.

La ciudad es un aguafuerte humeante,
un cementerio de tumbas abiertas.

Una sombra deambula olisqueando su muerte.

Las enloquecidas balas golpean
las tristes fachadas de infinitos miedos.
Un estruendo sonroja la vergüenza del mundo.

(¡Toda la tierra, toda la tierra sangra lágrimas
de odio sobre la tierra!
¡Toda la tierra, toda la tierra ahonda la fosa
de muerte sobre la tierra!)

Y en esta maraña de odio,
en esta maraña de muerte,
un llanto primero
abre sus ojos
y un pecho heroico
entrega su caudal de vida.

¿Hasta cuándo?

¡Cuántas siempre las guerras sin razones,
porque nunca hay razones, solo guerras!

¿Hasta cuándo?
¿Hasta cuándo?
¿Hasta cuándo?

¡Cuántas siempre las roncas cañoneras,
nunca acalladas, nunca, nunca, nunca!

¿Hasta cuándo?
¿Hasta cuándo?
¿Hasta cuándo?

¡Cuántas siempre las horas del horror!
¡Cuántas siempre las horas del espanto!

¿Hasta cuándo?
¿Hasta cuándo?
¿Hasta cuándo?

¡Cuántas siempre las horas de la muerte!

¿Hasta cuándo?

SUFRE LA TIERRA

Sufre la tierra el odio y el horror.
¡Devastadas dehesas! Las raíces
exhalan las entrañas más atroces,
las más hirientes savias, los peores
gusanos defecados por la guerra.

Sufre la tierra por sus firmes vástagos
ensangrentados con la espesa sangre
que reventó la boca.
                              ¡Ay del grito!
El grito último arrojó su alma
despedazada por la cruenta guerra.

Sufre la tierra el fiero resquemor
adherido a la tumba de los muertos
caídos sin derrota como emblemas
y por siempre presentes en la historia:
rotundo patrimonio de la guerra.

Solo la tierra sabe su destino

Hay llamas negras tristemente ardiendo
sobre las últimas cenizas. Hay
demasiados añicos de cristales
ensangrentados. Hay, sin tú saberlo,
más velas por tu ausencia que fusiles
recogiendo sus lágrimas del barro.

¡Había tantas balas esperando
el fin de la contienda!... ¡Y tantos muertos!...
Nadie podrá contar la verdadera
historia.
         ¿Quién olvidará el dolor?
¿Rebrotarán sin odio las adelfas?
Solo la tierra sabe su destino.

A LA PAZ

El día que tu nombre no aclamemos,
que sea por la ausencia de la guerra.

El día que tu emblema no ostentemos,
que sea por la ausencia de la guerra.

El día que tus himnos no cantemos,
que sea por la ausencia de la guerra.

Vive por siempre siempre entre nosotros,
aunque desatendamos tu presencia.

AGRADECIMIENTOS

Mi agradecimiento, que sigue intacto aquí también, a todos aquellos a los que ya hice referencia en mi primer libro, *Sobre la tierra oscura del otoño*; al ramillete de amigos, los de niño y los nuevos, con los que he podido encontrarme (gracias a la publicación de dicho libro y a las enormes posibilidades de rastreo de Facebook) y que están haciendo que reviva espacios y recuerdos de mi imperecedera niñez granadina y malagueña; y, de ellos, muy especialmente, a José Montero Corpas y Rafael Ruiz Toledo, por ser los principales causantes de este regalo, y a José Antonio García Aguilera, por, entre otras cosas, acercarme a su poesía y ofrecernos el excelente prólogo que enriquece estas páginas.

ÍNDICE